Thomas Laubach
mit Bildern von Paul Cézanne

Das kleine Buch zum Leben

Gedanken zur Auferstehung

Die neue Sicht

»Ich mache nichts, was ich nicht sehe«,
hat Paul Cézanne einmal gesagt. Das könnte nahe legen, dass die Bilder Paul Cézannes nichts Besonderes seien. Und Cézanne, das ist oft bemerkt worden, hält in seinen Bildern an gängigen Themen der Malerei fest: Landschaften, Porträts, Stillleben, Figurenkompositionen. Aber gerade das eröffnet dem französischen Maler die Möglichkeit, eine neue Sicht des Üblichen vorzuschlagen.

Sein Sehen ist ein radikal neues Sehen auf Wirklichkeit. Gerade wenn Cézanne das eigentlich immer Gleiche, etwa das Gebirgsmassiv Mont Sainte-Victoire, in immer neuen Variationen malt. Nur so spürt er immer neue Sichtweisen auf, die erkennen lassen, dass selbst etwas so scheinbar Unveränderliches wie ein Berg immer neue Interpretationen nahe legt. Wirklichkeit vervielfältigt sich – und wird so im besten Sinne offensichtlich. Der Künstler wird zum Augenzeugen, der mehr und anders sieht als alle vor ihm, der einen neuen Raum und vielleicht sogar eine andere Zeit erschließt durch seine Bilder.

Ganz ähnlich verstehe ich die Erzählungen von der Auferweckung. Sie legen vor allem eine neue Sicht nahe, wollen Lektionen für ein neues Sehen sein. Ein neues Sehen, bei dem es darum geht, Wirklichkeit neu und anders wahrzunehmen, tiefer zu sehen. Auferweckung ist eine Auseinandersetzung mit der Welt, die immer wieder zu der Frage führt: Reicht die gängige Sicht des Üblichen überhaupt aus, um Gott und Welt nahe zu kommen? Oder muss ich nicht vielmehr weiter, tiefer und intensiver sehen lernen? Und das heißt auch: Muss ich die Klischees, die Urteile und Vorurteile, die ich habe, nicht immer wieder neu überprüfen? Testen, ob sie sich decken mit dem, was ich erfahren und erleben kann, wenn ich mit offenen Augen durch die Welt gehe?

Thomas Laubach

Im Dunkeln loben

der sehnsucht
heimatrecht verschaffen
wo kein weg ist
wege finden
und im dunkeln loben
dem sehen entgegen
leben

dem aufstand
neue worte suchen
wo kein maß gilt
maße finden
und im dunkeln loben
dem sehen entgegen
leben

den ölzweig
wurzeln lassen
wo kein land bleibt
heimat finden
und im dunkeln loben
dem sehen entgegen
leben

Unterbrechung

Die kürzeste Definition von Glaube:
Unterbrechung
(Johann Baptist Metz)

Glaube unterbricht den Gang der Dinge,
hält auf, hinterfragt,
rückt das Vergessene und Verdrängte
in den Mittelpunkt.
Unterbrechung heißt:
all das, was begraben,
vergraben,
verschwiegen,
vertuscht wird,
all das tritt ans Licht,
wird durchsichtig,
steht auf.

Die kürzeste Definition von Auferstehung:
Unterbrechung.
Obwohl der erste Augenschein
anderes sehen lässt.

Denn
Jesus predigt und lebt einen Gott,
der die Menschen annimmt,
sich der Menschen annimmt,
einen heruntergekommenen Gott,
der sich auf die Erde bemüht,
um sich mit Tagelöhnern und Tagedieben abzugeben,
sich bei Randfiguren und Nachtgestalten aufzuhalten,
bei Prostituierten und Gaunern.
Ihnen spricht er Heil zu,
Gesundheit an Herz und Seele.

Und Jesus setzt alles daran
dass jeder sehen kann:
diesen Gott gibt's wirklich,

der schreibt sich nicht nur
Gerechtigkeit auf seine Fahnen,
sondern hält sich dran.

Der Tod Jesu scheint dieses Gottesbild
Lügen zu strafen.
Was ist das für ein Gott,
der Menschen heilt,
gesund an Leib und Seele macht,
aber selbst im Unheil bleibt,
bei Macht und Willkür aufgibt,
nichts mehr zu geben hat,
sondern nur noch nehmen muss,
annehmen muss,
was andere sagen und beschließen?
Ein wahrhaft kleiner Gott muss das sein.

Doch die Auferweckung Jesu
entzieht dieser Kritik
die Grundlage,
macht sie grundlos.
Erst die Auferstehung zeigt:
der Gott des Jesus von Nazareth
lässt tatsächlich den Menschen nicht im Stich,
lässt ihn nicht einfach so verrecken,
unterbricht den Lauf der Dinge,
den Gang der Geschehnisse,
macht sich seinen eigenen Reim,
singt ein neues Lied,
schlägt einen anderen Weg ein.
Das ist Unterbrechung.

Das erklärt nicht,
wie Auferweckung funktioniert.
Auferweckung ist
keine Funktion der Welt,
sondern eine Funktion Gottes,
eine Art Gottes,
bei Menschen zu sein.

Als sie sagten

als sie sagten
lass das
da war ich am boden zerstört

als sie sagten
gib's auf
da schaufelte ich mir mein grab

als sie sagten
du packst es nicht mehr
da wollte ich sterben

als sie sagten
schön dass du da bist
da blühte ich auf

Gepackt

Ich habe die Auferstehung
immer noch nicht
gepackt,
handlich verschnürt,
aufgeräumt
in einen Rucksack,
eine Sporttasche,
einen Koffer.

Sicher,
viele drängen mich.
Ohne Auferstehung im Gepäck,
meinen sie,
könnte ich nicht reisen
auf meinem Glaubensweg,
meinem Zweifelsweg,
könnte nicht reisen
durchs Leben.

Aber ich bin trotzdem unterwegs,
oft ziellos,
oft ruhelos,
reise mit der Auferstehung
unverpackt.
Sie sitzt mir gegenüber –
und manchmal im Nacken.

Ich hab mich dran gewöhnt,
dass sie da ist.
Oft bemerke ich sie nicht.
Dann schläft sie.
Ab und zu
liegt sie nur da,
atmet nur noch ganz flach.

Aber dann
ist sie wieder wach,
auf dem Sprung,
läuft mir manchmal davon
und guckt dann wieder
bei mir vorbei,
in meinem Leben vorbei,
reizt mich,
macht mich neugierig.

Nie lässt sie mich kalt
und macht mich so
lebendig.
Denn sie erlaubt mir nicht,
fertig zu sein mit den Gedanken,
mit Gott und der Welt,
weil noch was aussteht,
noch was unverpackt bleibt,
noch was offen ist.
Ist das schon
Auferstehung?

Ent-Täuschung

Am Anfang war die Enttäuschung,
das Ende der Täuschungen,
der Tod der Täuschungen,
vielleicht der einzig notwendige,
nötige Tod.

Wenn die Täuschungen zerbrechen,
die Fata Morganen der Sehnsucht,
die Bilder vom Leben,
die Vorstellungen,
die wir uns schnell
über uns und andere machen,
dann erst kann Auferstehung kommen.

Wenn die Täuschungen
endgültig
zu Grabe getragen werden,
die
Ent-
Täuschung
einsetzt,
dann gehen die Augen auf,
der Blick wird klar.
Einsicht stellt sich ein.

Auferstehung braucht
den Tod der Täuschungen.
Das tut weh,
das schmerzt.
Wer gibt schon gerne zu,
sich getäuscht zu haben?
Wer will schon
enttäuscht werden?

Aber die Verheißung lautet:
Nach dem Ende der Täuschungen
bricht sich Neues Bahn.

Auf dem Parkplatz

Auferstehung –
dass ich nicht lache!
Wenn schon das Leben so wenig zählt,
wie sollen wir dann Auferstehung begreifen?

Da gerät in der Nähe von Stuttgart
ein banaler Streit um einen Parkplatz
außer Kontrolle.
Am Ende liegt ein Mann tot auf der Straße.
Wegen eines Parkplatzes.

Die Nachricht finde ich in der Zeitung,
im Panorama,
im Blick in die Welt,
unter Vermischtes,
neben Nachrichten über Buschbrände,
über den Tod eines Tierbabys in einem Zoo,
neben kleinen und großen Katastrophen.

Das Leben vor dem Tod ist bedroht.
Das Leben vor dem Tod ist wenig wert.
Wie soll das dann gehen,
über den Tod hinaus zu leben?
Auferstehung hat bei uns keinen Platz,
weil das Leben nichts zählt.

Oder gilt etwa die andere Perspektive?
Macht Auferstehung ernst damit,
dass jeder Mensch,
unabhängig von dem,
was er ist oder hat,
leben darf?

Auferstehung –
ein Synonym für den Wert des Lebens.
Auferstehung fängt auf einem Parkplatz an.
Oft genug nicht.

Wir sehen uns wieder

Wir haben,
bei Licht betrachtet,
nur eine Hoffnung:
Wir sehen uns wieder,
weil Gott uns sieht.

Denn mitten im Leben
sind wir ins Weite gestellt
und blicken in sterbliche Augen.
Wir wissen nichts sicher,
sehn nur die offene Tür.
Ihre Zuversicht ist kaum zu glauben.

Doch wir sind die Fragen,
die großen Fragen nach Sinn,
die noch ohne Antworten blieben.
Und wir setzen Zeichen
mit jedem einzelnen Wort,
immer dann, wenn wir Menschen uns lieben.

Unsterbliches gibt es,
das Wort, die helfende Hand,
ein Kuss, aus Liebe gegeben.
Kein Ton geht verloren,
kein Lachen, kein Augenblick.
Wir finden das Sterben zum Leben.

Wir haben,
bei Licht betrachtet,
nur eine Hoffnung:
Wir sehen uns wieder,
weil Gott uns sieht.

Selig

Selig sind die,
die sich nichts einbilden,
weder auf ihren Gott
noch auf sich selber.
Sie sind der Himmel auf Erden.

Selig sind die,
die traurig sind,
verzweifelt, am Ende.
Immer wieder
machen sich Menschen auf,
sie zu trösten.

Selig sind die,
die keine Gewalt säen.
Aus ihrem Boden wächst
statt Steinen
der Friede.

Selig sind die,
die Gerechtigkeit herbeisehnen
wie hungernde Kinder einen Bissen Brot
und dürstende Alte einen Schluck Wasser.
Sie werden satt.

Selig sind die,
die ihr Herz wehrlos machen
für das Leben,
für die Not und den Tod der Unterdrückten.
Sie erfahren,
dass andere ihnen entgegenkommen.

Selig sind die,
die ihre schwachen Stellen
offen legen,
sich durchschauen lassen.
An ihnen wird der blinde Hass sehend.

Selig sind die,
die Frieden machen,
und bei denen die großen
und alltäglichen Kriege
kein Gehör finden.
Sie werden Gotteskinder genannt.

Selig sind die,
die sich um die Gerechtigkeit bemühen,
und die deswegen belächelt,
ausgelacht
oder verfolgt werden.
Bei ihnen ist der Himmel geerdet.

Psalm der Augenzeugen

Uns gibt es nicht.
Wir waren nicht dabei.
Wir haben den Augenblick verpasst,
haben nichts gesehen,
können nichts beschreiben.

Wir wissen,
das Grab ist leer.
Wir sehen eine offene Höhle,
eine offene Frage,
eine offene Wunde.
Wir trauen uns nicht hinein.
Wer weiß, was drin liegt,
oder fehlt.

Dabei wissen wir:
das Grab ist leer.
Weil wir anders sehen
mit brennenden Herzen,
in der Furcht,
erschrocken am Handeln.
Manchmal,
nach einigem Zögern,
sehen wir besser.

Auferstehung:
Wort für eine neue Optik Gottes,
mit der wir in die Welt sehen können,
die Welt neu sehen können.

Wir wissen,
das Grab ist leer.
Was werden wir
zu sehen bekommen?

Liebeserklärung

»Christian, ich will«
Weithin sichtbar prangt der Satz
an einer Autobahnbrücke,
auf ein paar Leintücher geschrieben
mit riesigen roten Buchstaben.
Eine Liebeserklärung.

Dann kommt die nächste Brücke.
Dieselbe Schrift,
dasselbe rot,
diesmal nur zwei Worte:
»dich nicht«
Keine Liebeserklärung.
Eine kalte Dusche.
»Christian, ich will – dich nicht«
Aus.
Schluss.
Vorbei.

Doch an der nächsten Brücke
hängen wieder Leintücher:
»verlieren. Deine Sara«
Ich setze die Botschaft der drei Brücken zusammen.
»Christian, ich will dich nicht verlieren. Deine Sara.«
Doch eine Liebeserklärung!?
Ich bin vorsichtig geworden.
Meine Schlussfolgerungen
allesamt vorschnell,
autobahnschnell,
wollen Schritt halten
mit meinem Tempo,
sind aber aus dem Tritt gekommen.
Jetzt halte ich mich zurück.

Der Satz ist für mich
ein Ausrufezeichen,
er mahnt mich:
pass auf,
mach langsam,
sonst denkst du schneller
als es gut tut.
Warte auch mal
auf das Ende,
auf den Schluss.
Vielleicht gibt's statt Fehlschlüssen
ein gutes Ende.

Auferstehung,
denke ich,
ist auch so eine Geschichte.
Vor dem Ende
scheint schon alles aus zu sein.
Das war's.
Aus.
Schluss.
Vorbei.

Aber es geht noch weiter.
Der Tod
war nur ein Trugschluss.
Bleibt die Frage:
Wann ziehe ich meine Schlüsse?
Wann habe ich einen Überblick?

Vielen Dank an Stefan Vesper,
der mir diese Geschichte erzählt hat.

Kleines Liebesgedicht

Auferstehung –
ein anderes Wort für:
Liebe.

Das Herz brennt.
Ich fange an zu zittern.
Entsetzen packt mich.
Bin ich das?
Ich falle in Ekstase.
Die Erde bebt.
Meine Knie zittern.
Ich habe Angst
und freue mich zugleich.
Ich werde überwältigt
und könnte tanzen.
Ich muss es allen erzählen.
Aber ich schweige.
Es lässt sich nicht sagen.

Wer liebt,
sieht die Andere,
den Anderen,
in einem besonderen Licht.
Liebe findet sich nie
mit den Zuständen ab
wie sie sind,
ist ein anderer Zustand,
steht anders da
in der Welt.

Liebe –
ein anderes Wort für:
Auferstehung.

Normal war er nicht

Normal war er nicht.
Er ließ sich aus der Fassung bringen
von der Welt,
von Menschen,
von Ungerechtigkeiten,
von Unterdrückung.

Normal war er nicht.
Wenn es hieß:
das tut man doch nicht,
das gehört sich nicht,
konnte man sicher sein:
Er tut es.

Aussätzige lebten vor den Toren der Stadt –
er fasste sie an.
Für Huren waren sich die Bürger
tagsüber zu fein –
er kam mit ihnen ins Gespräch.
Sein Leben –
ein einziger Protest
gegen den Tod,
gegen ein Leben,
das schon mitten im Leben
alle Spuren des Todes trägt,
gefangen in Regeln und Vorschriften,
den Blick in den Geldbeutel gesenkt
in den Bahnen des Alltagstrotts.

Auferstehung
ist der Protest gegen das Leben,
das viele Menschen führen müssen,
ausgebeutet,
unterdrückt,
ausgegrenzt,
aus dem Leben herausgedrängt.

Auferstehung
ist der Protest gegen das Leben von Menschen,
die mitten im Leben schon tot sind,
sich nicht mehr überraschen lassen,
die ihr Leben wie eine leblose Liturgie feiern,
eine Erinnerung nur an gestern,
mit Weihrauch,
abgesungenen Liedern
und alten Texten.

Auferstehung heißt:
Menschen sollen leben.
Jetzt.

Der Himmel geht auf Erden auf

der himmel geht
auf erden auf
und friede
bricht
sich bahn
die macht zerbricht
die ohnmacht spricht
die neue welt
fängt
an

Dunkelheit zerbricht

dunkelheit zerbricht
schatten sind erfüllt vom licht
der morgen singt vom leben
gott kommt uns entgegen
halleluja

stein der uns vom herzen fällt
leicht wird das gewicht der welt
uns führt der engel segen
gott kommt uns entgegen
halleluja

mitten in die angst spricht gott
lässt verstehen wort für wort
und brot blüht unseren wegen
gott kommt uns entgegen
halleluja

kein land mehr das sterben sieht
wo das leben kreise zieht
den tod zu widerlegen
kommt uns gott entgegen
halleluja

In unsre Trauer

in unsre trauer
fällt
ein licht
der himmel
unsre nacht durchbricht
ein wort
schenkt hoffnung
wunderbar
halleluja

Glückspsalm

Klar,
wir sind noch lange nicht durch damit.
Ein Stein,
der freiwillig seinen Platz räumt.
Ein Grab,
das den Toten nicht behalten will.
Eine Tür,
die nichts mehr verschließen möchte.

Klar,
wir sind noch lange nicht durch damit.
Ein Gärtner,
der nicht nur von Samenkörnern etwas versteht.
Ein Mensch,
der zu seinen Wunden hält.
Ein Wanderer,
der einen dicken Fisch an Land zieht.

Zum Glück
sind wir noch lange nicht durch damit.

Ostern sehen

Augenzeugen: Fehlanzeige.
Beweise: dürftig.
Polizeiliche Ermittlungen: schlampig.
Protokolle: unvollständig.

Kein Wunder.

Niemand sagt,
dass ich glauben muss,
dass Jesus nach drei Tagen die Augen aufmachte,
seine Leintücher zusammenfaltete,
gemeinsam mit einem Engel
den Stein wegrollte
und dann aus dem Grab spazierte.

Was sich sagen lässt:
Auferstehung
schlägt eine neue Optik vor.
Der Auferstandene lässt sich sehen,
mit den Augen sehen,
mit dem Herzen erkennen,
am Handeln ablesen.

Der Beweis der Auferstehung:
optische Erfahrungen.

So ein Sehen
muss ich noch lernen.

Ohne Auferstehung

Machen wir doch
die Probe aufs Exempel,
das heißt,
testen wir einmal,
ganz unverbindlich,
den Gedanken,
wie denn eine Welt
ohne Auferstehung,
ohne Auferweckung,
ohne Aufstand gegen den Tod
aussieht.

Jeder Anfang nutzlos,
weil sich Hoffnungen
nicht lohnen,
weil das Ende
vorgezeichnet ist.

Tagein, tagaus
das Gleiche:
keine Perspektive.
Nur der Trott
von gestern
über heute nach morgen,
aber kein Morgenrot,
das mich weckt.

Und am Ende
kein happy end.
Das wäre vielleicht auch
zuviel verlangt.
Aber noch nicht einmal
eine Aussicht,
nur ein Ende mit Schrecken
und dahinter gar nichts.
Keine Gerechtigkeit
für die Opfer,

die sich nicht wehren konnten,
die allein gelassen wurden.
Keine Versöhnung
zwischen denen,
die sich nicht
versöhnen konnten.
Kein Friede,
der im Leben
nicht zu schließen war.
Einfach nur das Ende.
Keine klitzekleine
Auferstehung
in das Gedächtnis
der Menschen
der Welt.

Alle Spuren
ausgelöscht.

Engel machen Flügel

engel machen
menschen
flügel

engel landen unverhofft
engel kommen an
und die angst macht sich davon
neues leben fängt an

engel helfen loszugehn
engel machen mut
überall wo hände helfen
spürt ihr: engel tun gut

menschen sehen endlich klar
menschen kommen mit
wo sie wie die engel sind
und ein wunder geschieht

engel machen
menschen
flügel

Ein Halleluja

Der Tod
hat nicht das letzte Wort.
Zwischen Steinen
blüht Erbarmen.
In der Asche
brennt neue Glut.
Der Morgen
bricht endlich wieder an.
Die Sonne
weckt ein Halleluja.

Neuer Beginn

du gott,
so war das damals
du sprichst
in das ende
einen anfang

du gott
so war das damals
du trägst
in das dunkel
eine handbreit licht

du gott
so war das damals
du säst
in die trauer
freudentränen

du gott
leg auch heute
in unsre ängste
einen neuen beginn

In der Nacht

in der nacht
kommt an den tag
sein licht
und im tod
wird das leben neu

recht bekommen die entrechteten
die blinden können sehn
friede zieht auf erden kreise
die tage der trauer vergehn

trost erfahren die verzweifelten
die lahmen wieder gehn
neu wird das gesicht der erde
die tage der trauer vergehn

licht fällt über die gefangenen
die toten auferstehn
steine werden weich und fließen
die tage der trauer vergehn

in der nacht
kommt an den tag
sein licht
und im tod
wird das leben neu

Eigentlich soll keine Auferstehung sein

Eigentlich
soll keine Auferstehung sein.

Wo kämen wir denn hin,
wenn das Leben
hier und jetzt
nicht alles sein sollte,
wenn nicht alles
hier und heute
passieren soll,
alle Wünsche erfüllt,
alle Hoffnungen gestillt?

Wo kämen wir denn hin,
wenn noch etwas offen stände
neben den Wünschen,
die die Warengesellschaft,
die Konsumgesellschaft
befriedigen kann,
wenn es mehr geben sollte
als nur das neue Hemd,
die neue CD,
den neuen PC,
das neue Auto,
das bessere dies und das?

Wo kämen wir denn hin,
wenn wir wüssten:
das Leben kann nie alles sein,
irgendwo da draußen,
da hinten,
ist mehr
als alles?

Wo kämen wir hin,
sollte Auferstehung
sein?

Thomas Laubach

ist der Geburts- und Künstlername von Thomas Weißer. Er wurde 1964 in Köln geboren, studierte Theologie und Germanistik in Bonn und Tübingen. Laubach promovierte und habilitierte sich im Fach Theologische Ethik. Von 1992 bis 2006 war er Assistent an der Uni Tübingen. Daneben arbeitete er nach einer Ausbildung als Medienpraktiker beim »Schwäbischen Tagblatt« in Tübingen, für verschiedene Radiosender und die »Minipost«, das Journal der Ministranten. Seit 2006 ist er Senderbeauftragter der Katholischen Kirche beim Südwestrundfunk Mainz (www.kirche-im-swr.de). Hier ist er für jährlich knapp 1000 Hörfunk- und Fernsehsendungen der Katholischen Kirche auf den Wellen und Kanälen des SWR Rheinland-Pfalz verantwortlich.
Thomas Laubach ist seit 1993 verheiratet und Vater von vier Kindern. Viele kennen seine Texte für christliche Popsongs wie etwa »Da berühren sich Himmel und Erde«, »Du sei bei uns« oder »Gott sei über dir«. Laubach ist Mitglied der bundesweit bekannten Band RUHAMA (www.ruhama.de).

Paul Cézanne

gilt in der Kunst als Wegbereiter der Moderne. Monet, Degas und Gaugin beriefen sich auf ihn, Matisse ließ sich von ihm inspirieren und Picasso sagte über Cézanne: »Er war für mich der einzige Meister«. Berühmt geworden sind Cézannes immer neue Variationen über das gleiche Thema, den Mont Saint-Victoire in der Provence. Aber auch seine Porträts, Stillleben und Dorfansichten finden sich in den großen Museen der Welt.
Paul Cézanne wird am 19. Januar 1839 in Aix-en-Provence geboren. In der Schule befreundet er sich mit dem fast gleichaltrigen Schriftsteller Emile Zola und nimmt ersten Zeichenunterricht. Er studiert auf Wunsch des Vaters Jura, träumt aber davon, Maler zu werden. Er bricht sein Jurastudium ab, bemüht sich um Aufnahme in die Kunstschule »Ecole des Beaux-Arts«. Das scheitert. Seine Arbeiten, die er ab 1864 in Paris für die Salon-Ausstellungen einreicht, werden alljährlich zurückgewiesen. 1869 lernt der Maler Hortense Fiquet kennen, sie wird seine Lebensgefährtin. Über zehn Jahre verschweigt Cézanne ihre Existenz vor seinem Vater. Auch dann noch, als beide schon längst einen Sohn haben. 1874 ist Cézanne an der ersten Ausstellung der so genannten Impressionisten beteiligt. Er arbeitet und lebt mit seiner Familie in Paris und im Süden, meist in Aix. Über zwanzig Jahre später, 1895, wird die erste Cézanne-Ausstellung in einer Pariser Galerie veranstaltet. Es ist für den fast fünfundsechzigjährigen Maler der Durchbruch. Am 23. Oktober 1906 stirbt Paul Cézanne in Aix-en-Provence. Er hat uns mit seinen Bildern ganz neue Einsichten und Aussichten in die Welt vermittelt.

Die Texte

Die Bilder

Aus dem tvd-Verlag Düsseldorf

Michael Blum/Uwe Seidel

Das kleine Engelbuch

„Manchmal wünsch ich, ein Engel käme. . .“ Die Texte erzählen von den Engeln, die die Menschen begleiten, behüten und beschützen. Die Engel-Collagen von Michael Blum heben sich wohltuend von den üblichen Engel-Darstellungen ab.

tvd 9640.1 – 48 Seiten, kartoniert, 17 Bilder, vierfarbig
ISBN 978-3-926512-22-2

Hanns Dieter Hüsch/Joan Miró

Das kleine Buch zwischen Himmel und Erde

Man betrachtet zunächst die Bilder von Miró, der mit Witz und Tiefsinn den Himmel bemalt und die Menschen zeichnet. Hanns Dieter Hüsch, mit dem lieben Gott auf Du und Du, nimmt mit seinen Geschichten die Menschen mit in den Himmel.

tvd 20040.1 – 48 Seiten, kartoniert, 15 Bilder, farbig
ISBN 978-3-926512-40-6

Hanns Dieter Hüsch/Uwe Seidel/Paul Klee

Das kleine Buch zum Glück

Hanns Dieter Hüsch schreibt seine Alltags-Glücks-Zeilen auf und gibt noch ein paar Texte als „Zugabe“ obendrein. Uwe Seidel verbindet in seinen Texten das kleine mit dem großen Glück. Mit den Bildern von Paul Klee wird dieses Buch zu einer gelungenen Komposition. Und die Menschen sollen sich auf den Weg machen, Glück zu verbreiten, wo immer es möglich ist.

tvd 20140.1 – 48 Seiten, kartoniert, 15 Bilder, vierfarbig
ISBN 978-3-926512-43-7

Hanns Dieter Hüsch/Vincent van Gogh

Das kleine Buch aus heiterem Himmel

Wie oft überrascht uns Hanns Dieter Hüsch mit seinen ungewöhnlichen Gedankenblitzen und Geschichten. Seine tief sitzende freundliche Gläubigkeit erleben wir immer wieder in seinen Texten. Aus dem Schatz seiner Erfahrung entstand dieses kleine Buch, aus heiterem Himmel.

tvd 20440.1 – 48 Seiten, kartoniert, 19 Bilder, vierfarbig
ISBN 978-3-926512-64-2

Erich Purk/Irmtraud Schniedenharn

Das kleine Buch vom Engel an deiner Seite

Über die Hälfte aller Menschen glaubt heute wieder an Engel. Einige haben ihre Engelbegegnungen aufgeschrieben. In diesem Buch finden Sie Geschichten von Suzanne von Borsody, Wolfgang Fierek, Lara-Joy Körner, Johannes Kuhn, Felix von Manteuffel, Marie-Luise Marjan, Witta Pohl, Mary Roos und Jutta Speidel.

tvd 20840.1 – 56 Seiten, kartoniert, 21 Bilder, vierfarbig
ISBN 978-3-926512-79-6

Bestellungen können auch direkt
an den Verlag gerichtet werden

tvd-Verlag GmbH
Postfach 32 11 11
40426 Düsseldorf